Milton Keynes UK
Ingram Content Group UK Ltd.
UKHW020003231024
449917UK00010B/485

9 789778 994230

أميرة هيكل

تَبصر كي
تطيب

كتاب	:	تَبصر كي تطيب
اسم المؤلف	:	أميرة هيكل
نوع العمل	:	خواطر
عدد الصفحات	:	118 صفحة
غلاف	:	هبة إبراهيم
تدقيق	:	فريدة أشرف
إخراج فني	:	مريم محمد سيد
رقم إيداع	:	2023/28928
ترقيم دولي I.S.B.N	:	978-977-8994-23-0

نبض القمة للترجمة
جمهورية مصر العربية _ القاهرة
مدير الدار: أ/ وليد عاطف حسني
موبايل: 01116058384
الميل: nabdalqima@gmail.com

جميع الحقوق محفوظة

لا يسمح بإعادة إصدار هذا الكتاب أو أي جزء منه أو تجزئته في نطاق استعمال المعلومات أو نقله بأي شكل من الأشكال المعروفة حاليا أو التي ترد مستقبلا دون إذن خطي مسبق من الناشر والمؤلف.

الآراء الواردة في هذا الكتاب لا تعبر بالضرورة على توجه دار نبض القمة للترجمة بل تعبر عن رأي المؤلف وتوجهه في المقام الأول وكل ما يحتويه الكتاب مسئولية المؤلف.

تَبصركي تطيب

أميرة هيكل

While every precaution has been taken in the preparation of this book, the publisher assumes no responsibility for errors or omissions, or for damages resulting from the use of the information contained herein.

تَبصر كي تطيب

First edition. August 20, 2024.

Copyright 2024 أميرة هيكل.

Written by أميرة هيكل.

نبذة..

هل رأيت حالك؟

رأيته؟ هل فهمت ما به؟

أقول لك فلتحاول أن ترى مرة أخرى ففيه ما لم تكن تتوقع، فقط تحتاج أن تُبصر..

إهداء

وأهدي هذا الكتاب لمَن أراد من الحياة أجملها وحاول رغم الصعاب، فإنما كان الجمال فيه وما كان في وسعي إلّا كلمات إليه أهديها..

مقدمة

بسم الله الرحمن الرحيم والصلاة والسلام على رسوله الكريم، أما بعد:

أيها القارئ لِهذا الكتاب فلتعلم أنت الفرصة بالنسبة لي ولست أنا لك الفرصة، نعم فأجعل منك سببًا حتى أكتب هذه الكلمات، فقبل أنا أقولها لك فأنا أُذكّر بها نفسي، وأحتاج أن أسترجعها من وقت لأخر حتى أُلزم نفسي بما فيها، وكل ما أرجوه منك أن تحاول قدر ما استطعت فهم أجمل معنى من الممكن فهمه من هذه الكلمات، فلتتبصر كي تطيب أنت وتطيب لك الحياة..

١

إحساس بضياع قد يأتيك بعض الوقت، تشعر بأنك تائه فكثير مما أردته لم يحدث، فلا تُسلّم عقلك لهذا واجعله فرصة تُقدّر فيها حقًا ما أنت عليه وتحمد الله تعالى، وتخيّل أنك لو كنت في غير ما أنت عليه الآن لوجدته الضياع الحقيقي الذى لا يمكنك أن تشعر فيه أصلًا بالضياع، سيسوقك دون أن تدري إلى حيث ما لا تدري..

2

حيثما كنت أنت فثمّ مبدأك قلبك وعقلك، في مكان كنت أو زمان اترك إليه القرار، فلا تجعل ما حولك يُشوّش على ما به من فضائل وقيم لِتتنساق وراءه، وما بك من اختيارات رغمًا عنها فلتعلم أن هناك حاكم لها يطوعها له، وليست هي مَن تطوعه..

3

وقتما تجد ما تجد فيه نفسك فلا تستسلم لأي شيء قد يعيق استمرارك فيه، قد تتعثر ولكن لا يجعلك ذلك طويلًا تتأثر، إحساسك بنفسك في شيء أحببته قادر على أن يُحييك سعيدًا حتى لو كنت وحدك مَن يرى ذلك، وهذا يكفيك طويلًا إلى أن تجد مَن يجد نفسه أيضًا معك فيه..

4

فليكن السعي هو هدفك، نعم فالهدف الأكبر هو سعيك نحو هدفك ولست مسئولًا كيف ومتى نتيجته، فإن سعيت فقد حققت الهدف الأعظم وأما الأخر فهو آتٍ لا محالة إن لم يكن هو الذى ينتظرك..

5

فلا يغررك صعودهم من أول خطوة يخطوها قد يكون هذا أقصى ما لديهم، ترى في نفسك ما هو أعظم ولكن هم مَن وصلوا لما تستحق أنت أن تصل إليه، فلا تتعجل هذه أول وآخر المحطات بالنسبة لهم إن لم يحسنوا صُنعًا ويكونوا أفضل مما كانوا عليه، أما أنت ستصل إلى ما تريد إن لم تكن بالفعل قد وصلت لكونك إنسان يسعى دائمًا للأفضل لنفسه ولغيره..

6

فلا تحزن إن الله معك، وعليك أن تكون أنت معك، فكيف ترجو من الله أن يكون لك وتكون أنت عدوًا لنفسك! تطلب الانتصار وأنت أول هازم لكل أمل داخلك! يجب أن تخلع ثوب الخمود وتُقدر ما بداخلك مهما كان بسيطًا فمنه يكون الأعظم..

7

وقد ترى في احتياجك لأشخاص قد خذلوك سوء حظ لك وتقول فى نفسك لماذا جعلتني الظروف أحتاج إليهم، ولكن تأمل هذا ليس حالك دائمًا وليس سوء حظ بل هو حظ كريم أراد أن يأتي إليك لتكون على وعي بهم وتعرف مدى مستوى التضحية لديهم من أجلك؛ حتى لا تنخدع فيهم وأنت في استغناء عنهم..

8

على أي شيء تحكم أنت على ما بداخلهم لك؟ قد يكونوا مُحبين بحق لك ولكن يحملون من العبء ما ينسيهم، لا يُنسيهم محبتك ولكن ينسيهم حرصهم على إيصالها لك، وقد يكونوا لك كارهين لأبعد الحدود ولكن انشغالهم بشأنك يجعلك تتخيل ذلك محبة منهم، فلا تنشغل فيما بداخلهم يكفيك ما بداخلك من إخلاص وصدق، فعشْ على ذلك..

9

في بعض الأحيان يجب ألّا تكون مستجيبًا لرغبتك في الوحدة، قد تريد منك نفسك وقتها وحدتك حتى تعطيك فرصة لتتذكر أوجاع ما فعلوه بك، فقد نسوا ونسيت وكادت أن تكون الأحوال بينكم أكثر استقرارًا، فلا تعطي لنفسك هذه الفرصة ستجعلك تتغير معهم دون أن يحدث منهم لك شيئًا، ولكن إن حدث بعد ذلك سيكون لك كل الحق في أن تتغير معهم..

10

كم من المرات في كل مرة منهم تحاول أن تجعلهم أشخاص حقيقية، تضعهم في مكانة أكبر منهم حتى يقدروا، وتجدهم في الأصل لا يفهمون ما تفعله، تطلب منهم العون كي يشعرون بقيمة لوجودهم وتجدهم يكرهون ويبعدون، وعليك أنت أن تبعد وتطيل في البعد وكأنك باستغناءك عنهم تقول لهم تستحقون حقًا ما جعلتم أنفسكم عليه، وجود بلا قيمة..

11

عليك ألّا تجعل في حسابك لأيام عمرك وسنينك شعورًا بالحسرة أو بالخوف فقد كبرت، ولكن ليجعلك ذلك تفكر كيف تفعل ما لم تستطع فعله من قبل، وتعوض منه ما فاتك فيه، تتقدم بقيمك وبمكانتك وليس بعمرك فقط، تحاول ألّا تهدر منه كما كنت تهدر، فكلما مرّ العمر والأيام كلما شعرنا جيدًا بقيمته وقيمة هذا اليوم..

12

وإن شكوت إليهم يلزمك البحث عن آخرين تشكو إليهم ممَن شكوت لهم، وبذلك قد تكون أنت مَن تجمع أعدائك مع أعدائك عليك، دعهم متفرقين ولتكن أنت ساكنًا هادئًا لا تتأثر مهما فعلوا، بالتأكيد سيملّوا أو تكون أنت على طريقك تخطوه خطوة وراء خطوة ويصبح من الصعب عليهم رؤيتك..

13

وتقول في نفسك أنا لا أطيق ما أنتم عليه تعيشون، وتجدهم يطلبون منك التعايش معهم، وتتساءل كيف ذلك حيث أن مبدأهم لا مودة فيه ولا رأفة، فلا تجبر نفسك على هذه الحياة القاسية وتأكد بأنك الرابح مهما قلّ مَن حولك، فأنت اللين المشفق الذي لا تليق بك هذه الحياة..

14

حتى وإن طرقت بابهم متخوفًا أن يخذلوك فهذا ليس امتحان لك بل لهم، هي بالنسبة لك مجرد محاولة ليس مطلوبًا منك أن تنجح فيها، ولكن هم مَن عليهم اجتياز هذا الامتحان وهم مَن يحددوا نتيجته، فإن أعانوك فقد فازوا بأنفسهم وبحُبّك وصاروا بين الناس مِمَن يجبرون..

15

عليك أن تعيش الحياة على قدر ما تعطيه لك، حتمًا ستريد أكثر ولكن لا تدخل في أي صراع معها أو حرب، فقط خُذ ما أعطتك إيّاه وجاهد من أجل ما تريد، وفي نفس الوقت أنت تسير معها حيثما أرادت أن تأخذك، وما يُدريك قد يكون هذا طريقك الذي لطالما تمنيت عليه أن تكون..

16

تعلم أنت وحدك الكثير عن نفسك ومع ذلك تريد منهم تقديرًا لما أنت تعرفه وهم لا يعرفونه، فلتُعطي لهم الفرصة ولنفسك أخْرِج لهم كل جميل فيك، لا أعني من ذلك التبرير لكل ما تفعله، ولكن إن صدق إخلاصك لهم ستكون كل مرة تتعامل فيها معهم بهذا الصدق مبررًا لهم لما قد فهموه خطأ عنك دون أي جهد منك، فقط أحسن إليهم بقدر إحساسك بقيمه نفسك..

17

ثم تخبرك الحياة في بعض الأحيان أن أكثر الأشخاص تقديرًا لما تقوم به، وإحساسًا بعظمة ما أنت عليه وما بك من ميزات، هم أكثرهم تقليدًا لك ومحاولة فعل ما أنت فاعله، حتى ولو لم تكن ما زلت لم تحقق نجاحات ملحوظة بعد، من الممكن أن يكون هذا في حد ذاته نجاح لك..

18

عن حياة لا تشبهك وجدت نفسك داخلها، دون أن تدري ألبستك ثياب لا يليق بما بداخلك، بل وجعلتك أيضًا لا ترى ما بداخلك هذا فأصبحت لا تعرف شيئًا عن نفسك الحقيقية، وما بها من بذور خير وإنجازات كانت تحتاج لحياة أخرى تقدرها وتعتني بها، ولكن لا بأس ما زال الوقت أمامك، ولعل هذا الوقت المناسب لك ولآمالك..

19

لا تعتقد طوال الوقت أن كل إنسان أناني هو إنسان قاسٍ بالضرورة، فالأنانية درب من دروب القسوة وليست كلها، فالقاسي يكون أنانيًا فاقدًا للإحساس بنفسه وغيره وليس غيره فقط، نعم فقد تصل به الدرجة إلى أن يقسو على نفسه ولا يشعر بها، لأنه لو أحسّ بنفسه سيدرك وقتها أنها تحتاج لمَن يُشعرها بقيمتها ووجودها ولكنه لا يرى ذلك..

20

وحياة أرادت أن تعيشها نفسك ولكن هناك حياة أخرى تريدك هي أن تعيشها، فأردت أنت أن تدخل حياة وتعيشها بما تملكه وما بداخلك من طاقة وقوة، ولكن لا يكفيك هذا.. تلك القوة التي تملكها الحياة الأخرى التي أرادتك وقد لا تريدها، فجاءتك لتُكمل لك ما بداخلك من قوة وتعطيك أكثر مما ظننت أنه يكفيك كي تعيش الحياة..

21

في أغلب الأحيان يُقال لك عامل مَن حولك كما تحب أن يعاملوك هذا صحيح حقًا، ولكن أحيانًا أخرى تجد أشخاص يحتاجون منك أن تعاملهم فقط كما يحبوا هم أن يُعاملوا، فقد تبالغ مثلًا في اهتمامك، في إخلاصك، في تضحياتك، ولكن قد لا يريدون منك كل هذا القدر قد يعتبروه تعديًا منك، أو قد لا يرونه لأنهم لا يحتاجونه وتكون أنت مَن أهلكت نفسك..

22

ما زلت لا تفهم أن كل ما استصعبته في حياتك من مواقف وأزمات إنما هي لك لتجعل منك أنت الصعب عليهم، نعم فلا هم يستطيعوا تحمل ما لاقيته ولو وضعوا فيه لاهتزوا وسقطوا، أما أنت فثباتك كان لهم عجبًا ولا تحسب أنك المهزوم بل أنت القوة التي رغمًا عنهم سيستعينون بها يومًا ما حتى لا تهزمهم الحياة..

23

تذكر دائمًا أن مشوار الألف ميل يبدأ بخطوة ولكن مع ذلك لا تنسى أنه ألف ميل فلا تحكم عليه وعلى نفسك من أول خطوة، فلتسير عليه وتكمل خطاك وإن تهيّأت الأسباب لذلك وساعدتك على قرب الوصول فاعلم أنه طريقك الذي فيه ما يُرضيك، وإن تعسّرت ولم تستطع إكماله بأي حال من الأحوال فهو ليس طريقك فلتقف ولتبحث عن طريق أخر لعل الخير فيه..

24

ومَن لا ترتضيه قد تراه في طريقك، في بعض الأحيان تسوق لك الأقدار أُناسًا هم أبعد ما يكون عن قلبك وعقلك وتصبح لهم ويصبحون لك جزءًا من حياتهم وحياتك، ولبعض الوقت تفكر ما الحكمة؟ فلتعلم ما جاءوك وما جئتهم إلا ليكن كل منكما فرصة للأخر، قد تغيّرهم أو يغيروك بالطبع للأفضل، فإن حدث فلك ولهم حسن الحظ ولكن إن حاولت أنت وهم مَن أعرضوا فإنما جاءوا إليك حتى تحاول ثم يعوضك الله بمحاولتك هذه في آخرين..

25

لو أقسموا لك أنهم أبدًا لن يتخلوا عنك فلا تعلم أنت كيف الحالة التي كانوا عليها عندما أقسموا لك على ذلك، وأيضًا لا تدري كيف يكون حالهم في الوقت الذي تحتاج فيه إليهم، فكن دائمًا على استعداد دون الاعتماد، ولكن لا يمنع ذلك أيضًا أنك قد تكون فيهم ذو حظ، ولا يتغير حالهم عنك وعنك حقًا لن يتخلوا..

26

كثيرًا ما يبدو لك أن المنافسة هي شيء يعطي لك الحق في أن تتعدى على حق الطرف المنافس لك، فهدفك هو المقصود وليس الطرف الأخر هو هدفك وإلّا ستصبح شيئًا أخر غير ذلك، وتظل المنافسة الحقيقية أن تحاول من أجل ما تريد دون أن تتخلى عن مبادئ وقيم جعلت منك إنسانًا يريد الأفضل لنفسه، والتمسك بذلك فوز..

27

في قوتك لتجاهل ما يحاولون إزعاجك به لهم إضعاف، فهم في استنفاذ لما لديهم من فكر وما بهم من قوة وأنت الذي لا يُبالي، فمهما حاولوا سينتهي بهم الأمر لما كانوا عليه من اعتراف بأنك عنهم تختلف، أما هم فلا وقت لديهم للعناد عليهم أن يبحثوا لأنفسهم عمّا يجعلهم أيضًا مختلفين..

28

لما الحيرة إذن طالما أن نفسك بالخير تحيا، فلا تفكر كثيرًا عن سبب كل ما حولك فقط خُذ منه ما يلزمك لسلام عقلك وروحك، ولا تقترب من أي شيء قد يهدد ذلك، ودعْ مبرراتك لنفسك في محاولة إقناعها بألّا تنشغل بما لا راحة فيه، ولا تجعلها لإقناع غيرك بخيرك..

29

وتتيقن أن كل ما فعلته لأجلهم كان لأجلك أنت، نعم فإن كنت خيرًا فعلت فمردوده إليك آتٍ، ليس شرطًا أن يكون منهم ولكن سيجعل الله لك أسبابًا أخرى يأتيك منها مردود هذا الخير، أما هم فلا يعينك كثيرًا شأنهم، قد أدّيت ما عليك لهم..

30

لا تدع ممَن لك يودع أي أثر فيك إلّا أثر يقينك بأن لا أحد يبقى لك إلّا مَن كان حقًا إليك مخلصًا، فالبقاء هنا للأصدق فلا تنخدع في كل ما فعلوه معك، لا بُد وأنهم يريدون من وراءه أشياء أخرى لا تعلمها، والدليل كان نهايته الوداع فقد تركوك..

31

ما يعني لك قد لا يعني لهم شيئًا فلا تهتم كثيرًا ولا تحاول أن تجعلهم ذوي نظرة للأشياء، فهم لا يرون ما ترى ولتحفظ أنت نفسك وقلبك الذي ما زال يحيا رغم كل ما يُعانيه من سوء ظن له، وإن كانوا الآن لا يرون ما أنت تراه على الأقل سيرون قريبًا أنهم كانوا مخطئين..

32

إحسانك عليهم سيزيدك أنت إحسانًا فقد تصدقت به فازداد، أما عن إعراضهم عنك وعن إحسانك فما زاد فيهم إلّا الخسارة وسوادًا أكثر في القلب، ولا يجعلك ذلك تندم بل كان الندم لهم، ستكون أنت في سلامك تنعم ومهما حاربوك فهم الهالكون..

33

هل قالوا لك من قبل أنهم يحمدون الله تعالى على وجودك بينهم؟ فلتكن أنت مَن يحمد الله تعالى أن رزقك بهم، تراهم عليك يخافون فلتخف أنت على خسارتهم، وإيّاك أن تغفل عن ودّهم قد يكون هذا أقصى ما ينتظرون، مخلصون إيّاك فيهم أن تفرط حتى لا يكون الندم نهاية لك ولهم، فتندم عليهم ويندمون هم على أنفسهم..

34

أحلوا بك همًا حينما اعترفوا لك أنك لست ممَن أرادوهم في حياتهم، وقد ضاع منك الكثير عليهم وكانوا في ذلك يستغلون، وعشت فيهم تدفع ثمنًا لكل يوم بينهم، إيّاك أن تحزن فقد نجوت قبل أن يضيع كل ما لديك، وستُخطئ في حق نفسك إن حاولت مجددًا الاقتراب منهم، فقد خطوت خطأ فلترجع وتخطو من جديد إلى اتجاه أخر..

35

بعد كم من الوقت أدركت أنك لا بد أن تعيش الحياة معتمدًا على الله تعالى أولًا ثم نفسك، إن فعلت ذلك فأنت تستحق الحياة فلا أحد في هذا الزمان قادر على تحمل أعباء نفسه حتى تنتظر من أحد لتضع عليه أعباءك، كن قدر ما استطعت لنفسك المعين ولغيرك أيضًا، فتصبح أنت الركن وليس اللاجئ..

36

نظرتك لأحلامك ليست كنظرة غيرك لنفس الأحلام، فأنت ترى فيها نفسك التي تشبهها لذلك تسعد بها إن باتت حقيقة، أما غيرك فقد لا تشبهه ومن ثم لا يهمه كثيرًا إن حققتها أم لم تحققها هو ينظر إلى اتجاه أخر، قد لا يهمك أنت أيضًا فلا إحباط لك إن لم تجد مَن يسعدون كثيرًا بما حققت تكفيك سعادتك..

37

محطات ومراحل تمر بها واحدة تلو الأخرى، زمان لها ومكان تبدأ وتنتهي فيه، فلتعي جيدًا في سيرك وما فاتك من الممكن أن تجده فيما هو قادم، ولا تستعجل ما استقدم قادمك يكفيك ما تسير عليه لتفكر به وكيف ستجعل قادمك به أجمل..

38

فقد تتزين ألسنة لتخفي سواد قلوب أصحابها وقد تكون حقًا في الأصل رائعة، ومن هنا عليك التجربة أولًا حتى لا تحكم منخدعًا أو تظلم قلوبَ جعلت من ألسنتها مرآة لها، وحتى تعطيهم حقهم في الحكم عليهم لا بد وأن تعطي لنفسك حقها أولًا في التأكد من ذلك، واطمئن لا يطول الأمر كثيرًا فالمخادع تكشفه أهون الأمور..

39

استعداد قلبك لفتح أبواب ودّه لا يعني أن هناك له طارق، قد تكون أنت مَن أردت ذلك لاحتياجك، ولكن الخطر إن كان في غير وقته فقد تكتشف بعد ذلك أن مَن آمنته قد خان غيرك أو أنه لم يكن على نفس قدر اطمئنانك له، فتكن صغيرًا أمام نفسك أنك ما زلت تتسرع وتظن في الكل النقاء..

40

كيف لساعديك أن يساعداك على النهوض وأنت بعقلك تتكاسل عن مجرد التفكير في كيفية هذا النهوض، هل ستظل هكذا فلا أنت تمتلك الجلوس براحة ولا أنت قادر على الوقوف على قدميك، وعليك أن تحدد لنفسك فإن أردت هدفًا فلتُبادر وتنهض إليه، وإن لم تفعل ستجد نفسك ملقى على الأرض كأوراق مبعثرة ما أفادت غيرها حتى ولا نفسها فلملمتها..

41

وفي استهتار بك وعدم رضا منهم عمّا تفعل وإن كان فيه أقصى ما لديك من عطاء يشعرك بالإحباط بل وتريد التنحي والابتعاد، ولكن فالعكس فافعل لا تبعد بل تقترب أكثر، لا تتنحي بل تآلف حتى يكون لديك أقصى مما كان أقصى لديك من عطاء وقوة لتقاوم نفسك حتى تقاومهم..

42

وإن بدا لك من كلماتهم غير ما كنت تأمل منهم فلتصبر على ذلك ولا تتجرأ أنت بكلماتك، فقد يتعلمون منك كيف يتكلمون وإن لم يتعلموا فلا تكن أنت مَن تعلمت منهم، فما فيك من أصل وحُسن أنفع لك منهم وخُذ منهم صبرك على تطاول ألسنتهم..

43

في حيرتك وتعجب منهم كيف لهم بعد كل هذا العمر الذي مرّ بهم لا يكادون يفهمون لمعنى من معاني الطيبة والإحسان، هل ما فات لم يكن كافيًا ليتعلموا ذلك؟ قد يكون هذا دورك أنت، فلتجعل إنسانيتك لهم ولغيرهم تجسيدًا في كل فعل جميل ولتنتصر أنت بجميلك أمامهم أملًا أن يتغيروا..

44

وإن أردت منهم انبهارًا بك في كل مرة فلا تجد من نفسك لنفسها شيء، فقط تفعل ما يروق لهم فتشكل أفعالًا قد تأخذ من حريتك وراحتك، وعليك بماذا يعود ذلك؟ حتى وإن أُعجبوا بك خطأ واحد أو تقصير بغير قصد كفيل ليُنسيهم كل ذلك، فلتبهر نفسك بفعل ما يُريحها حتى وإن كان لا يرضيهم فلهم حسابات أخرى..

45

في بعض الأحيان وأنت تسعى لشيء ما وتفعل كل ما في وسعك له وتظن أنك قد وصلت له، وتجد بعد ذلك أنك ما زلت على الطريق ولم تصل بعد وقد يُشعرك بالإحباط، ولكن إن فكرت قليلًا لن تجده إحباطًا أبدًا فأنت ما زلت ينقصك شيء، فلتكمل طريقك لتكمل ما ينقصك ولا تتوقف فما قطعته كان أطول..

46

تكلّف وتصنّع منهم وهذا هو الأسلوب فلا تبالي بذلك، ولا تتأمل كثيرًا لماذا هم يفعلون ولا تعطي لهم فرصة في تحقيق هذا الشعور لديهم، أو أنك قد استهواك ذلك فأنت الذي لا تتأثر مهما تلوّنوا، وكيف تتأثر وأنت تعلم عنهم ما يبدو أنهم قد نسوه عن أنفسهم وما كانوا عليه من قبل..

47

يترقبونك تربصًا ليتصيّدوا أخطاء منك تفعلها دون قصد أو حتى قد لا تكون أخطاء، بل جعلوها أخطاء بحساباتهم الغير عادلة أو بسوء نواياهم وأحقادهم، فلتنتظر فهنا السر والسبب إنها سوء النوايا والأحقاد ما تجعلهم لا يدركون تفاصيل ما ألقوا به اتهامًا لك، فلو أدركوها لوجدوها نفسها سببًا لإنصافك..

48

وإن أرادوا أن يفقدوك قواك بكلمات هدم وإحباط سواء كان ذلك عن قصد أو غير قصد أو قد يكون هذا معتاد منهم، ولكن هناك أوقات عليهم الانتباه جيدًا فيها لما يقولون، وأما بالنسبة لك فهي فرصة لتتحدى نفسك وتتحداهم وتحقق ما لم يتوقعوه منك، وفرصة لهم أيضًا ليعلموا أنهم كم كانوا مخطئين وبأسلوب أفضل عليهم التحلي..

49

فظنون تخون وأخرى تصون، فما خانتك الظنون إلّا بسوء ما فيها لمَن ليس فيه السوء وإن ظننت الحسن حتى وإن لم تجد ما يدعوك لذلك فقد صُنت نفسك من ظن السوء، وأرَحتْ قلبك من شعور قد يتلاعب بما فيه من نقاء، فقدر الممكن كن دائمًا مُحسنًا للظن حتى في نفسك، ولا تقول لنفسك لا أقدر على ذلك بل تقدر بأن تعوّدها..

50

وتتقبل الكثير مما كنت لا تستطيع تقبّله فقط حتى لا تُدخل نفسك معركة من التفكير وتشغل عقلك كثيرًا، ولكن لا تظن أنك بذلك لن تستهلك مشاعرك بل ستكون هي يومًا الموقظه لعقلك حتى يأخذ موقفًا مما تفعله في نفسك، وسيدخل عقلك في المعركة ويكون أكثر حيرة، فقد تراكم الكثير على مشاعرك وإحساسك وتريد أن تحدد من أين تبدأ، فلا تتقبل إلّا قدر استطاعتك..

51

ليس ضعفًا منك أن تظهر ودك لمَن أردت تحسين علاقتك معه وتحاول كلما جاءت فرصة لذلك، ولكن عدم تقبّل الأخر والشعور بإحباط في العلاقات قادر على أن يفقدك ثقتك في نفسك بل وفي الآخرين، وتكن بعد ذلك غير متقبلًا لأي محاولة من محاولات الاقتراب وإن بادر بها الشخص الأخر الذي كان هو مرادك، فالأفضل أن تشعر منه ذلك أولًا كلما أمكن وقبل أن تحاول الاقتراب..

52

وشأنك شأنهم، وببراعة حماقتهم أفقدوك توازنًا في أمرك فليس هذا ضعف منك، ولكنها قوه ظلام عقولهم وتحجّر قلوبهم قد توهمك أنك ضعفت، ولكن بلحظة ثبات منك وتدبر ستُعيد لك نورًا قليلًا يكفيك لتقضي على كل هذا الظلام، وما بقى منه ستنير به عقولهم إن أردت وأرادوا، أو ربما تجد آخرين منك يحتاجون ذلك..

53

لا أمل لك إلّا أملك بالله في نفسك، فلتنظر كثيرًا داخلك ستجد فيه ما يُدهشك، ما لم تكن تتوقعه في نفسك ولكنه فيها، فأنت الذي لم تُعطي لنفسك فرصة من قبل كي تصنع لها ما أعجبك في غيرك، ليس منّا من غير ميزة فلا تظلم نفسك بحكمك عليها بضعف أو تقليل..

54

في بعض الأحيان قد تحتاج إلى شفقة منهم حتى وإن كانت غير حقيقية، نعم.. شفقة غير حقيقية فعندما تشفق عليهم وتحزن لأمرهم ويشعرون بحزنك عليهم سيحملهم هذا على الشفقة بك، وقتما كان حالك يستدعي ذلك فتكون هنا غير حقيقية ولكنك قد تحتاجها، حتى تشعر أنك منهم وأمرك أمرهم فلا تيأس من ذلك بتكراره، سيكون كذلك فكلما أشفقت وأشفقوا بتَّ منهم وباتوا منك..

55

فكلما كان هدفك أسمى كلما كانت وسيلتك على قدر مستوى هذا الهدف، وما كانت غايتك لتبرر وسيلة إلّا لدفع ضرر، فكيف كان الأمر إن كانت وسيلتك نفسها هي الضرر! فما كان أمرًا ليستقيم مهما كانت عظمته وشرفه إن كانت وسيلة تحقيقه لا تمُت لعظمته بصِلة، وكيف لهذا التناقض مجرد الالتزام بشرف الوسيله يُعد غاية في ذاته..

56

ما عليك من شيء فيما قد وصلوا إليه الآن فقد احترفوا الكره والحقد، ليس ذنبك أنت مَن تمنيت لهم كل الخير فأكرمك الله خيرًا فتعذبوا بكرم الله لك، رغم ما تمنيت لهم ولو كان بيدهم أمر لك لجعلوك ذليلًا لهم، فهم ليسوا بأهل لذلك حتى يملكهم الله أمور غيرهم، يكفيهم ما بين أيديهم من أمور أنفسهم التي وإن وعوا لها ما تحملوا بها أنفسهم يومًا..

57

وبعد أن فعلت كل ما في وسعك لماذا تطلب من نفسك أكثر؟ بماذا يعود عليك ذلك؟ فأنت تظلمها وإن تكرر ظلمك لها سيأتي الوقت الذي لا تستطيع فيه نفسك بأن ترق يومًا لمَن جعلته سببًا لك في ظلمها، وبعدما كانت نفسك تسعى دائمًا لتحظى بقربه وتنال ودّه ستنصرف عنه قدر ما استطعت، فإن أردت البقاء بينهم فلا تضيع نفسك، وإن شعروا بأنك ضيّعت نفسك من أجلهم هل سيبحثون معك عليها حتى تعود إليك؟

58

كلامك كان لهم عبثًا لأنهم له لا يفهمون، أيضًا والمشاعر منك إليهم راحت هباءً فهم بها كانوا لا يشعرون، فلا تعاتب فمع مَن يكون العتاب؟ مع مَن زرعوا بذورًا في طريقك وأجبروك على السير فيه فكانت بذور الشوك ما زرعوا! وتزداد حيرتك فيهم عندما تشعر فيهم قناعتهم أنهم عليك ذوي فضل وإحسان..

59

آثار دمار منهم عليك وعليهم لا شيء تراهم يظهرون، كيف لهم كل هذه القوة المدمرة التي مجرد الإحساس بها من قِبل آخرين يؤثر فيهم مجرد الإحساس، فما بالك إن أطلقوها أو جزء منها عليك، ورغم ذلك يتعاملون معك بقناعة تامة لديهم بأنك تستحق منهم ذلك لأنك فقط تعرف حقيقتهم، وهذا سلاحك فلا تهتز ما كان لهم ليطلقوها عليك حتى لا تكتشف حقيقتهم..

60

وأرى فيك حيرتك عندما تتساءل في نفسك، هل كنت نصب أعينهم عندما أرادوا أن يطلبوا لأنفسهم ما عشت تتمناه أنت وتحاول مرارًا لأجله وتتساءل هل لاقوا كما لاقيت، وكيف لهم أن يتجاهلوا من عمرك أصعب ما كان منه ويختزلوه في فرصة أرادت أن تكافئك، ولكن تأكد لن يصلوا لما قد وصلت إليه..

61

لا شيء ينقذك دائمًا كالصبر، نعم فإن صبرت لشيء ظهرت لك حقيقته وقبل أن تتسرع وترهق نفسك همًّا وحزنًا ومهما فعلوا بك وصبرت، إما أن تجد بعد ذلك ما يُكمل لك الحقيقة داخلك، ولا تندم على صبرك عليهم بل على العكس قد تندم إن لم تكن تصبر عليهم، أو أن تجد مَن يأتي إليك وإليهم ويفعل بهم ما كنت تريد أن تفعله دون أن تفقد جمال ما فيك، فلا تدري أيضًا مَن أتوك وآتوهم ماذا كانوا يفعلون حتى يكون خلاص ذنبك بهم؟

62

وكلما وجدت أن طيبتك تغلب دائمًا على قرارات عقلك وتراك وبكل العفوية تتحدث معهم وكأنك لم تذق منهم مرة ألمًا وأسى، وتسأل نفسك كيف بعد كل ذلك لا تقدر حتى على أن تعاملهم كما يستحقون، ولترى فأنت الذي لا تستحق أن تخسر شيئًا واحدًا من جمال ما فيك ولا تحاول أن تجبر نفسك على ذلك، ولتفخر دائمًا بطيبتك حتى وإن رأوها ضعفًا فالله حاميك..

63

وإن هجروك فاهجر، ولكن دائمًا كن على استعداد بأنهم سيعودوا إليك مرة أخرى ليختبروا فيك حسن نيتك أو بمعنى أخر ليخرجوا منك شيئًا هم يريدوه أن يخرج منك، ليجدوا سببًا لهم ثانيةً للهجر فانتبه ولا تعطي لهم الفرصة في ذلك، وكلما تذكرت ذلك في نفسك دائمًا أمامهم سيعطيك صبرًا حتى تتحمل فلا يجدوا سببًا لهجرك ولا سببًا أيضًا للاقتراب منك أكثر من ذلك..

64

في بعض الأحيان يكون اهتمامك بمَن لا يقدرون، وكلما زاد اهتمامك كلما زاد الإهمال منهم لك، وتريد وقتها أن تشعرهم بندم عليك فلتحول هذا الاهتمام إلى نفسك وتحاول دائمًا أن تصل بها إلى أعلى درجات الرقي وتكن إنسانًا حقًا معهم ومع غيرهم، حتى يأتي الوقت الذي يندمون فيه على تجاهلهم لك..

65

قد تخدعك نفسك وتُقنعك أن التنازل دائمًا قد يجعلك تحظى منهم بود واهتمام، ولكنك بتنازلك هذا فأنت تُعطي لهم السبب الذي به لا يُقدروك، فكلما تمسّكت بنفسك وبما تملكه من قدرات وتماسكت أيضًا رغم كل هذا التجاهل، كلما أجبرتهم على الاهتمام بك وبما تفعله..

66

حاول ولا تيأس أبدًا مهما كانت محاولاتك ضعيفة أو متواضعة، فالمحاولات مهما كانت متواضعة تزيد من قوة صاحبها على مواجهة الحياة ومع الوقت يكتسب منها ما يتعجب منه غيره ويتساءلون كيف اكتسب كل هذا، ويبدأوا هم أيضًا في المحاولة ليكتسبوا بعد ذلك ما اكتسبته أنت من قبل، فتكن أنت السابق بمعرفتك للحياة..

67

وعندما يجمعك مكان معهم وأنت بينهم ما زلت كما أنت لم يُغيّرك زمان أو تتأثر بأُناس وقد أصبحوا مختلفين عنك تمامًا ليس كما كانوا ولا كما كنت تحسبهم، وقد يكون ما فيك نجاة لغيرك آخرين بينهم قد عانوا منهم فيعتبروك وقتها وكأنك داء وعدوى يخافون منك على مَن غلبوهم على أمرهم، ولا يشغلهم سوى التخلص منك ومما جلبته إليهم من حُسن وأصل..

حكمة

فلتسبح أنت في أفلاك حبك لهم وإن كنت لا تعرف لحبهم لك أفلاك..

حكمة

لا تبحث فيهم عن نفسك، فنفسك أيضًا تبحث عنك وأنت المنشغل بهم..

حكمة
أنوار آمالك كيف جعلتها تنير لهم وأنت بها لا تهتدي..

حكمة
فنفس أذاقت زهدًا عنهم كيف لها ثانية إليهم أن تحتاج..

حكمة

عناد فيك لا يقبل بوحًا عن شيء هو الأمل لك ولهم في البقاء، فلتبُحْ..

حكمة

فكل ما يدور في عقلك اجعل منه ما يدور بينكم فهذا أفضل أحيانًا..

حكمة

لا تركب نفس السفينة معهم إن لم يعطوك مثلهم طوقًا للإنقاذ..

حكمة

فلا ضامن لبقائك بينهم سوى إحساسك لهم بأمان، فما بالك إن كنت أنت لهم الأمان..

حكمة

وتحسب رضاهم مستحيلًا، فمستحيلك شيء هيّن لو تدري فقط أن تكون رحيمًا..

حكمة

ما ضاع منك شيئًا، فقط أزاحه شيء أخر هذا وقته..

حكمة

هل كان عقلك نائمًا عندما سمحت بدخولهم قلبك! استيقظ لقد هجروك..

حكمة

أثمن شيء فيهم هو ما أعطيته أنت لهم، يكفي قلبك الحاني..

حكمة

لا ترجع مهما سقط منك، فما سقط إلّا ليخفف عنك حتى تُكمل السير..

حكمة

كسرهم لك ليس هو إلّا كسرهم لقطعة حُفرت فيك بأسمائهم وقد أخذوها، أما أنت ما زلت سليمًا..

حكمة

فكرة تحييك وأخرى تميتك والفارق هنا الأمل، فتعوّد الأمل ليجعلك الأمل موطنًا له..

حكمة

قد تريد الابتعاد حتى تستريح فتكتشف أنك لست متعبًا بينهم، وما كان تعبك إلّا في ابتعادك عنهم..

حكمة

بقدر تجاهلك لهم تحظى منهم اهتمامًا والعكس أيضًا، للأسف هذا ما وصلنا إليه..

حكمة

لا أراك تغتاظ ممَن أساءوا إليك قدر ما تغتاظ ممَن أحسنوا إليك، أنت أيها الحاقد..

حكمة

أيصعب عليك الفراق وتحزن ولا يصعب عليك أن تكون سببًا له!..

حكمة

ما يجعلك تحمل همًّا عندما يكون وجودك بينهم همًّا لهم، فلترحل من أجلك لا من أجلهم..

حكمة

بطموحك علّمتهم معناه، وبنجاحك جعلتهم يحاولون، فلا تتوقف فذلك لهم النجاح..

حكمة

تخيّل بلحظة أنك مثلهم، فلتحمد الله أنه خيال..

حكمة

عزيز عليهم لأنك بنفسك عزيز وعليها فلا تخالف ذلك يومًا..

حكمة

وإن بطروا يومًا على طيبتك فأعطهم ما يكفيهم مما يستحقون..

حكمة

وما تشعر به أحيانًا يجعلك تفقد الشعور بأي شيء، فلا تعرف تفسيرًا ولا ترى وصفًا..

حكمة

تعلق أحلامك لحين أن تجد مَن يؤمن بها، لن تحققها إذن..

حكمة
حُسن نيّة، نعم هو حُسن كيف لقبيح الداخل أن يدركه!..

حكمة
يعادونك لمجرد ذكر اسمك أمامهم، فكيف لو أنت الذي أمامهم!..

حكمة

كيف تحكم على نفسك دائمًا بظلام الليالي وإليك يشرق كل يوم نهار..

حكمة

أندمت؟ فندمك حجّة عليك ألّا تفعلها ثانية، فمَن كان سببًا لندمك مرة لا يستحق الندم قط..

حكمة

وتقول لو فرصة وبها سيتغير كل شيء، لا تدري قد يكون ما أنت فيه هو الفرصة..

حكمة

لا تراكم عليك المشاعر بدعوى التسامح وإلّا سيكون ردّك في الأخير لا يعرف معنى للتسامح..

حكمة

انشغل كثيرًا بما يشغلك عنهم، هؤلاء المحبطون فما لديهم إلّا وقتًا يضيعوه..

حكمة

لا تخبر أحدًا كم أنك تجاهد لإصلاح نفسك، إلّا مَن صادفته بهذا الجهاد..

حكمة

ملازمين لكل خطواتك لا ليطمئنوا على وصولك بل ليتأكدوا أنك لم تصل بعد..

حكمة

ومع كل العوالم التي فيها تدور لا بُد وأن تحدد موضعك حتى لا تجد نفسك في عالم لا يشبهك..

حكمة

وترددها نفسك وتتمنى لو ينطقها لهم لسانك، ابتلاء أنتم فلا تفرحوا..

حكمة

فأنت لولا ما بداخلهم لك لما عزمت أن تكون على ما أنت عليه، كلاهما محبين لك أو كارهين..

حكمة

وتغدو وتروح وقلبك معلق بمَن خذلوك، أسرع بقلبك وأرجعه لنفسك واجعلهم بندم يذكروك..

KINZY PUBLISHING AGENCY

Kinzypa.com

info@kinzypa.com

201122811065+
201122811064+